AF509871

LES Héros de l'Armée Française

La Tour d'Auvergne et la Colonne infernale

Les Héros de l'Armée Française

« La Garde meurt et ne se rend pas! »

LES Héros de l'Armée Française

« Ma garnison, la voilà ! ».

Les Héros de l'Armée Française

« Rendez-moi ma jambe, je vous rendrai la place! »

Les Héros de l'Armée Française

Duhesme bat la charge avec le pommeau de son sabre.

Les Héros de l'Armée Française

« Mes zouaves, à vous ! debout ! au trot, marche ! »

Les Héros de l'Armée Française

« Courage, mes amis, défendez-vous jusqu'à la mort ! »

eS Héros de l'Armée Française

Le « tambour d'Arcole » traverse la rivière sous le feu de l'ennemi.

Les Héros de l'Armée Française

« Je n'aurai pas besoin de sable pour sécher l'encre. »

Les Héros de l'Armée Française

« A moi, Auvergne, ce sont les ennemis ! »

« Après vous, Messieurs les Anglais ! »

Les Héros de l'Armée Française

« La sentinelle te criera : *Vardo !* Ne réponds pas.

Chevert au siège de Prague *(25 novembre 1741)*

En l'année 1741, Frédéric II, roi de Prusse, l'électeur de Bavière et Louis XV, roi des Français, avaient conclu un traité d'alliance contre Marie-Thérèse, impératrice d'Allemagne, reine de Hongrie et de Bohême. Déjà l'armée franco-bavaroise s'était rendue maîtresse, presque sans résistance, de la Haute-Autriche. Marie-Thérèse, femme énergique et courageuse, mesure d'un coup d'œil le danger qui la menace; et, avec une habileté remarquable, elle fait appel au dévouement des magnats hongrois qui tirent leurs sabres du fourreau en criant : « Mourons pour notre roi Marie-Thérèse ! » Elle avait su gagner à sa cause et tirer parti du génie belliqueux de ces chefs magyars, si rebelles pourtant à la domination autrichienne.

Sur les instances de l'électeur, homme de médiocre valeur, l'armée franco-bavaroise prend la direction de Prague, alors qu'elle aurait dû se porter sur Vienne. Frédéric fut très irrité de ce mouvement qui contrariait ses desseins égoïstes. Déjà nos troupes avaient atteint le Haut-Danube, prêtes à entrer en Bohême, lorsqu'elles apprirent, non sans étonnement, la défection des Prussiens. Pour prix de sa trahison, Frédéric obtint de Marie-Thérèse la Basse-Silésie et la ville de Veisse. Il s'engagea en outre à cesser toute participation à la guerre, sans tenir compte des promesses qu'il avait faites à la France et à la Bavière de ne traiter qu'avec leur consentement. Il n'eut aucun scrupule de laisser la division française seule avec l'électeur de Bavière, exposée aux attaques incessantes d'une armée considérable, commandée par l'archiduc d'Autriche. La situation était extrêmement critique.

L'armée alliée manquait de tout : vivres et fourrages. La garnison qui défendait Prague était au contraire abondamment pourvue. Les provisions de guerre et de bouche y étaient amassées en énorme quantité. Cent vingt pièces de canon garnissaient les remparts de l'enceinte fortifiée, auxquelles nous ne pouvions opposer que trente pièces d'artillerie.

Le commandement de nos troupes était aux mains du maréchal de Broglie et du comte Maurice de Saxe, qui avait pris du service en France. Ce dernier était un aventurier rempli de fougue et d'audace, qui ne reculait devant aucun danger. Comprenant qu'un siège méthodique de la ville était impossible, il proposa de l'attaquer par escalade et d'emporter la place, malgré l'approche de l'archiduc d'Autriche pour secourir la ville menacée par les Français. Ce projet hardi fut accueilli.

Maurice de Saxe, l'auteur du projet, en fut aussi l'exécuteur. Il s'adjoignit un homme qui n'avait de commun avec lui que le courage, le lieutenant-colonel Chevert, sorti des rangs du peuple et qui était connu par ses vertus et sa bravoure. Il avait à la guerre ce ton confiant, exalté, un peu rude mais droit, qui empoigne le soldat français.

La ville était entourée de fossés à sec. La garnison qui la défendait comptait 2,500 hommes de troupe, 1,200 bourgeois et autant d'étudiants capables de résistance.

Dans la nuit du 24 au 25 novembre 1741, Maurice de Saxe passe la Moldaw sur un pont de bateaux avec 800 hommes d'infanterie du régiment de *Beauce* dont Chevert était le lieutenant-colonel, quatre compagnies de grenadiers, six cents dragons, huit cents carabiniers et six cents chevaux. Après sept heures d'une marche pénible, grenadiers et dragons arrivent enfin épuisés de fatigue, et font halte à 2 kilomètres de la ville.

Chevert en profite pour reconnaître la place.

On décide de simuler une attaque du côté opposé pour détourner l'attention des assiégés. C'est Gassion, un descendant de l'illustre compagnon d'armes de Condé, qui est chargé de ce mouvement trompeur. Tout à coup les détonations éclatent; c'est le signal de la fausse attaque. Nos soldats sont sur pied et pleins d'entrain. Les grenadiers saisissent leurs échelles et se dirigent vers le point désigné pour l'escalade. Ils sont déjà dans le fossé, lorsque le brave Chevert les arrête et assemble les sergents de son détachement : « Mes amis, leur dit-il, vous êtes tous braves, mais il me faut ici un brave à trois poils. — Le voilà », ajouta-t-il en apercevant le sergent Pascal, des grenadiers du régiment d'Alsace. « Camarade, monte le premier, je te suivrai; quand tu seras sur le mur, le factionnaire te criera : *Vardo !* Ne réponds pas; il te lâchera son coup de fusil et te manquera; tu tireras et tu le tueras. » Tout se passa comme il l'avait dit. Chevert le suit et déploie sur le rempart le drapeau fleurdelisé de *Beauce*.

Aussitôt un enthousiasme indescriptible s'empare des assiégeants, on crie de toutes parts : « A l'assaut ! à l'assaut ! » En un clin d'œil les remparts sont franchis. Maurice de Saxe conduit lui-même ses dragons, pendant que les tambours battent la générale. L'attaque a été si subite et si impétueuse que l'ennemi, ne pouvant résister à ce torrent, est culbuté et mis en pièces. Le désordre est à son comble, l'alarme s'est répandue partout; on n'entend que fusillades mêlées au bruit du canon. Les étudiants et la milice bourgeoise arrivent pour porter secours à l'infanterie autrichienne, mais subissent le même sort que leurs compatriotes et fuient en désordre.

Le gouverneur se rend avec ce qui reste de la garnison. Deux heures avaient suffi pour nous rendre maîtres de la capitale de la Bohême. Ed. RICHA.

C. CHARIER, éditeur à Saumur.

Les Français à Fontenoy

(11 mai 1745)

En 1745, la France était en guerre avec l'Empire et l'Angleterre. Nos armées opéraient simultanément sur le Rhin, en Italie et dans les Pays-Bas, lorsque, au mois d'avril, le maréchal de Saxe reprit le commandement de l'armée de Flandre.

Aussitôt arrivé sur le théâtre des opérations, il se précipite sur Tournai et fait le siège de cette place forte, élevée par Vauban.

A cette nouvelle, les alliés arrivent au secours de la garnison assiégée ; mais le maréchal de Saxe laisse 20000 hommes devant Tournai et se porte à leur rencontre.

A l'approche de l'ennemi, il s'est solidement retranché derrière des redoutes improvisées et les abris naturels des bois de Barri, des villages de Fontenoy et d'Anthoin.

L'ennemi comptait 55000 hommes dont 20 bataillons et 26 escadrons anglais ; 5 bataillons et 16 escadrons hanovriens commandés par le jeune duc de Cumberland, 26 bataillons et 40 escadrons hollandais sous les ordres du prince de Waldeck ; et enfin un faible contingent de 8000 Autrichiens ayant à leur tête le vieux Kœnigseck, qui avait combattu les Turcs en Hongrie et les Français en Italie.

Les deux armées disposaient à peu près de forces égales.

Le vieux général autrichien était d'avis de harceler les Français plutôt que d'engager une bataille décisive ; mais le bouillant duc de Cumberland, n'écoutant que sa nature impétueuse, se mit en marche sur Fontenoy.

Les Anglais occupaient le centre de l'attaque, les Autrichiens la droite et les Hollandais la gauche.

Plusieurs attaques furent successivement repoussées. Les décharges de l'artillerie causèrent des ravages considérables dans les rangs des alliés ; un escadron hollandais en particulier fut complètement anéanti.

C'est alors que, sur les conseils de Kœnigseck, les alliés se massèrent en une colonne épaisse et se décidèrent à charger le centre de l'armée française. Les Anglais et les Hollandais s'élancent avec une impétuosité admirable. Vainement notre artillerie creuse de sanglants sillons dans leurs rangs ; les morts sont remplacés sur-le-champ.

Les gardes françaises formaient la première ligne de notre armée. Or, entre la colonne ennemie et nos troupes le terrain allait en s'élevant, dérobant à la vue la plus grande partie des Anglais.

Arrivés à la crête du mamelon, nos soldats furent étonnés d'avoir sous les yeux cette masse compacte, dont rien ne semblait pouvoir arrêter la marche lente mais irrésistible. Les Anglais approchèrent jusqu'à 50 pas de distance ; puis, leurs officiers portent la main à leurs chapeaux et saluent.

Alors se produit une scène sublime : lord Charles Hay, capitaine anglais, s'avance et crie : « Messieurs des gardes françaises, tirez ! » Aussitôt un jeune lieutenant des grenadiers, le comte d'Auteroche, fait quatre pas en avant, s'avance la tête haute et s'incline devant les régiments ennemis qui le tiennent en joue : « Messieurs, nous ne tirons jamais les premiers, tirez vous-mêmes, s'il vous plaît ! » Les Anglais ne se le firent pas dire deux fois. Aussitôt les six canons qu'ils avaient traînés à bras tonnent à la fois ; puis, ils exécutent un feu roulant qui emporta notre premier rang tout entier : 300 soldats et 42 officiers furent mis hors de combat à cette seule décharge.

Les rangs français, après cet épouvantable choc, voyant la cavalerie éloignée, se crurent abandonnés et se débandèrent, tandis que les Anglais avançaient à pas lents, comme s'ils eussent été sur un champ de manœuvre ; on voyait les majors appuyer leurs cannes sur les fusils des soldats pour les faire tirer bas et droit. Cette colonne carrée vomissait la mort de tous côtés ; plus elle avançait, plus elle devenait profonde et redoutable. Nos vaillants régiments, sans ordre mais impétueusement, venaient se briser en vain.

Cependant, la colonne anglaise semblait avoir été cruellement endommagée, malgré le bon ordre apparent de ses lignes.

Soudain, le duc de Richelieu, après avoir reconnu la colonne ennemie, arrive l'épée à la main, couvert de poussière et hors d'haleine : « Messieurs, dit-il, la bataille est gagnée si on le veut : qu'on fasse avancer quatre canons contre le front de la colonne ; pendant que l'artillerie l'ébranlera, les autres troupes l'entoureront, il faut tomber sur elle comme des fourrageurs. » Le maréchal de Saxe avait compris, et immédiatement il prépara un assaut dont l'impétuosité devait être irrésistible. Quelques pièces de campagne pointées sur le front de la colonne commencèrent à creuser des vides dans ses rangs ; alors la charge fut sonnée et un véritable ouragan d'hommes et de chevaux fondit sur la colonne, la pénétra, la sillonna en tous sens, la broya sous son élan terrible. La masse ennemie, écrasée comme dans un étau, fut anéantie et disparut ; les débris de la colonne anglaise se précipitèrent en fuyant au delà du ravin. Les annales de la guerre n'offrent peut-être pas un exemple d'un revirement aussi prompt, aussi décisif, aussi terrible.

Les pertes des ennemis furent de 12000 hommes, hors de combat : celles des Français de 7000 ; une quarantaine de canons restèrent au pouvoir des vainqueurs. La Flandre était conquise.

Er. Richa.

C. CHARIER, éditeur à Saumur.

Dévouement du chevalier d'Assas

(16 octobre 1760)

Pendant la guerre de Sept-Ans, le prince de Brunswick, à la tête de ses Hanovriens, se disposait, aidé de 20.000 Anglais, à s'emparer de Wesel faiblement occupée par les Français, dans le but de se rendre maître d'Anvers et de la Flandre autrichienne.

Déjà, il avait en partie mis son plan à exécution, lorsque le marquis de Castries, envoyé par le maréchal de Broglie, parvint à secourir Wesel, après s'être emparé de Rhinberg, et à établir ensuite son camp dans une excellente position. Posté derrière un canal, il attendait ainsi des renforts, lorsque pendant la nuit suivante du 15 au 16 octobre, au lieu dit Clostercamp, petit village de la Prusse rhénane, le prince franchit le canal à l'improviste, soutenu par les Anglais dans une attaque foudroyante.

Un peu avant la pointe du jour, le colonel Rochambeau, commandant le régiment d'Auvergne, se trouvant à la gauche de nos lignes, fut assailli par un corps de grenadiers anglais. Presque au même instant les brigades d'Alsace, de la Tour du Pin et de Normandie repoussaient avec vigueur l'attaque tentée sur le centre et la droite. La lutte fut extrêmement vive ; mais les assaillants ne purent résister à la furieuse charge à la baïonnette des Français, qui mirent en fuite des forces très supérieures en nombre. Le prince héritier fut ainsi contraint à repasser le Rhin et à lever le siège de Wesel.

Ce fut pendant l'engagement des grenadiers anglais contre le régiment de Rochambeau qu'eut lieu l'épisode héroïque du chevalier d'Assas. Voici d'ailleurs comment le fait est raconté dans les lettres patentes par lesquelles Louis XVI, pour perpétuer le souvenir de ce sublime dévouement à la patrie, créa, 17 ans après, une pension héréditaire de mille livres en faveur de la famille du chevalier d'Assas. On y lisait :

« De toutes les grandes actions que l'histoire a immortalisées, aucune n'est au-dessus de l'héroïsme avec lequel le sieur Louis, chevalier d'Assas, capitaine de chasseurs au régiment d'Auvergne, s'est dévoué à la mort. La nuit du 15 au 16 octobre 1760, le prince héritier de Brunswick voulut surprendre à Clostercamp, près de Wesel, un corps de l'armée française, commandé par le marquis de Castries. Le chevalier d'Assas, en marchant à la découverte pendant l'obscurité, tombe dans une embuscade ennemie. Environné de baïonnettes prêtes à le percer, il peut acheter sa vie par son silence, mais l'armée va périr si elle ignore le danger qui la menace. Il crie à haute voix : *A moi, Auvergne, voilà les ennemis !* et dans l'instant il expire percé de coups. »

Malgré la précision et la clarté de cette pièce officielle, il s'est trouvé des auteurs qui dans leurs écrits ont contesté, non pas l'héroïsme du chevalier d'Assas, mais les circonstances qui l'ont accompagné.

Ainsi, on trouve dans les mémoires de Grimm l'assertion suivante :

« J'étais au camp de Rhinberg le jour du combat si connu par le dévouement d'un militaire français. Le mot sublime : *A moi, Auvergne, ce sont les ennemis !* appartient au valeureux Dubois, sergent de ce régiment ; mais, par une erreur presque inévitable dans un jour de bataille, ce mot fut attribué à un jeune officier nommé d'Assas. M. de Castries le crut comme tant d'autres ; mais quand après ce combat il eut forcé le prince héritier à repasser le Rhin et à lever le siège de Wesel, des renseignements positifs apprirent que le chevalier d'Assas n'était pas entré seul dans le bois, mais accompagné de Dubois, sergent de sa compagnie. Ce fut celui-ci qui cria : *A nous, Auvergne,* etc. Le chevalier fut blessé en même temps, mais il n'expira pas sur le coup comme Dubois ; et une foule de témoins affirmèrent à M. de Castries que cet officier avait souvent répété à ceux qui le transportaient au camp : *Enfants, ce n'est pas moi qui ai crié, c'est Dubois.* A mon retour à Paris, on ne parlait plus que du beau trait du chevalier d'Assas, et il n'était pas plus question de Dubois que s'il n'eût jamais existé. »

Enfin, dans les mémoires de Rochambeau, on lit :

« Je dois à la vérité, dont j'ai toujours fait profession, de détailler ici le trait connu du chevalier d'Assas dans toute son exactitude. Charpentier, caporal des chasseurs, fut le premier qui découvrit l'ennemi dans cette nuit très noire ; il me mena sur cette colonne qui fit feu sur nous. Je revins aux grenadiers et chasseurs, je leur ordonnai de faire feu par demi-compagnie alternativement, et surtout de périr à leur poste plutôt que de l'abandonner, en attendant l'arrivée de la brigade. D'Assas, un des capitaines de chasseurs, placé à l'extrémité de l'aile gauche de ce bataillon, fut attaqué et se défendait vigoureusement. Un officier lui criant qu'il tirait sur ses propres gens, il sortit du rang, reconnut l'ennemi et cria : *Tirez, chasseurs, ce sont les ennemis !* Il fut criblé de coups de baïonnette, et voua ainsi à sa patrie le sacrifice de sa vie avec cet héroïsme qui a été si justement célébré. »

Quelles que soient les circonstances qui ont amené la mort du chevalier d'Assas, ce qui n'est pas douteux, c'est qu'il est mort en héros.

Ed. Richa.

C. CHARIER, éditeur à Saumur.

Junot au siège de Toulon *(16 Décembre 1793)*

Junot fût l'un des plus intrépides lieutenants de Napoléon. Né à Bussy-le-Grand (Côte-d'Or) en 1771, il mourut en 1813 à Montbard, chez son père, en se précipitant d'une fenêtre, dans un moment de folie subite.

Il était étudiant en droit lorsqu'il partit en 1791, comme simple grenadier dans un bataillon des volontaires de la Côte-d'Or. Ses camarades l'avaient surnommé *la Tempête*, à cause de son indomptable bravoure et de son ardeur au combat.

Au siège de Toulon en 1793, il servait sous les ordres du capitaine d'artillerie Bonaparte, lorsque le hasard le mit en évidence, et détermina le point de départ de sa fortune militaire.

Le 17 novembre, le général Dugommier vint prendre le commandement en chef du siège, en remplacement du trop fameux Carteaux. Bonaparte, quelques jours après, fut nommé troisième chef de bataillon de son régiment.

Le 14 décembre, l'assaut du fort Murgrave fut résolu en conseil de guerre. *Toulon était là*, selon la pittoresque expression de Bonaparte. Il fallait à tout prix emporter cette position importante, ou se résoudre à voir le siège traîner en longueur, ce qui ne pouvait qu'épuiser nos forces. Il fallait donc tout braver, tout tenter pour en déloger les Anglais. Trois mille hommes de leurs meilleures troupes et quarante-quatre pièces de gros calibre défendaient le fort Murgrave, qu'ils jugeaient imprenable, et auquel ils avaient donné le nom de *Petit Gibraltar*. Le commandant des Anglais avait même dit : « Si les Français emportent cette batterie, je me fais jacobin. » Les plus grands moyens de défense étaient accumulés dans cette grande redoute, d'où l'on dominait la ville.

Bonaparte avait fait construire, comme le meilleur moyen de l'entamer, une batterie masquée, très exposée au feu des Anglais, mais jugée indispensable pour le succès de l'opération. Les canonniers effrayés refusaient de servir cette batterie. Bonaparte, persuadé plus que jamais que toute attaque sur un autre point serait vaine, s'avisa alors d'un expédient qui réussit toujours avec ces grands enfants que sont les soldats français. Il fit de sa personne ce qu'il devait faire plus tard en maintes circonstances : il l'exposa tout entière sans souci du danger. Puis, s'adressant aux canonniers : « — Y a-t-il parmi vous un homme sachant écrire ? — Présent, mon capitaine ! » répondit un jeune sergent, à l'air bon enfant, le sourire aux lèvres C'était Junot. Sous l'œil de Bonaparte il écrivit alors, appuyé sur un genou, un écriteau portant cette inscription : *Batterie des hommes sans peur*. Comme il achevait d'écrire, un boulet ennemi vint labourer le sol à ses côtés, projetant de la terre sur son papier. « *Bon !* » dit Junot avec un sang-froid héroïque, « *je n'aurai pas besoin de sable pour sécher l'encre.* » Puis, Bonaparte en personne, aidé de son secrétaire improvisé, alla accrocher l'écriteau à un poteau en avant de la batterie, sous une pluie de fer et de feu. Alors, se tournant vers ses soldats, il s'écrie : « Je ne commande à personne d'y servir, mais j'attends les *hommes sans peur.* »

L'effet fut immédiat. Déjà quelques-uns des canonniers, ayant deviné l'intention du maître, n'avaient pas attendu pour se précipiter vers la batterie. Tous, électrisés par le courage de Bonaparte et le sang froid imperturbable de Junot, voulurent avoir l'honneur de servir la batterie fameuse.

C'était le 16 décembre 1793 ; elle ne cessa de tonner toute la journée. Le lendemain, de nouvelles batteries furent établies qui dirigèrent sur les Anglais un feu roulant terrible.

Dugommier et Bonaparte rassemblèrent toutes leurs troupes et décidèrent l'attaque générale du fort Murgrave. Il régnait parmi les assiégeants une ardeur et un enthousiasme extraordinaires. Les quatre colonnes d'attaque opérèrent toutes à la fois, et, le 17 décembre à minuit, les troupes républicaines se rendirent maîtresses du fort au cri de : Vive la République !

Toulon subit alors un bombardement épouvantable, et, après avoir enlevé un autre fort d'une importance stratégique considérable, les troupes victorieuses entrèrent dans la ville, le 19 décembre 1793.

Junot, à partir de cette date, suivit la fortune de Bonaparte, qui le fit successivement, dans une carrière de vingt années, officier, commandant, aide de camp, général et enfin duc d'Abrantès.

Er. Richa.

C. CHARIER, éditeur à Saumur.

Le Tambour d'Arcole

(15 novembre 1796)

L'Autriche, étonnée des succès de Bonaparte en Italie, résolut de faire de nouveaux efforts, pour arrêter la marche de son jeune et redoutable adversaire.

On confie le commandement de l'armée au baron d'Alvinzy ; et peut-être enfin pourra-t-on avoir raison de cet infatigable et prodigieux général qui, avec une poignée de braves, règle les destinées de l'Italie.

Bonaparte n'avait à opposer que 25.000 hommes aux 60,000 du général autrichien. En vain, attendait-il les renforts qu'il avait demandés au Directoire.

Les positions ennemies se développent sur un front de 3 kilomètres sur le mont Caldiero, à quelques lieues de Vérone, occupée par les Français.

La situation de notre armée est des plus critiques. Déjà Bonaparte a tenté d'attaquer les Autrichiens dans leurs positions et s'est vu obligé de se replier sur Vérone.

Cet insuccès semblait avoir abattu son indomptable nature, lorsque, tout à coup, sa physionomie s'éclaire : un trait de génie a traversé sa pensée ; il a trouvé un plan nouveau qui le conduira à la victoire. S'il ne peut aborder de front les hauteurs de Caldiero, il les tournera par la gauche ; il amènera les impériaux dans les marais qui s'étendent de ce côté, sillonnés seulement par deux étroites chaussées. Dans cette position, les déploiements de troupes sont impossibles ; les têtes de colonne seules peuvent se rencontrer, et la valeur l'emporte sur le nombre.

L'armée, frappée par cette admirable combinaison, sort de la ville, longe la rive gauche de l'Adige. Puis, tandis que Masséna s'engage sur la chaussée de gauche, Augereau enfile celle de droite et rencontre l'ennemi au pont d'Arcole, dont l'extrémité est fortement barricadée. Les maisons du petit village d'Arcole qui se trouvent en face de l'extrémité du pont sont également crénelées et servent de refuge à l'ennemi.

La fusillade s'engage drue, serrée, terrible. Une pluie de mitraille s'abat sur nos braves soldats. La mort les fauche sans trêve ni merci.

Tous font des prodiges de valeur. En vain de nombreux cadavres rougissent de leur sang, sous le feu infernal des Croates, le tablier du pont, ce qu'on leur demande est surhumain ; ils tombent tous impitoyablement. Les traits d'héroïsme se succèdent : les généraux Augereau, Verne, Lanne, Masséna, Verdier, Vignolles, le sergent de grenadiers Aune, l'adjudant général Belliard, le tambour Estienne, le colonel Muiron, le général Bonaparte lui-même comme tant d'autres se conduisent en héros. Les uns y laissent leur vie, les autres en rapportent de graves blessures ; Bonaparte, peut-être le seul, en revient sain et sauf.

L'espace nous manque pour retracer ici au milieu de quels dangers inouïs chacun a conquis, ses droits à la gloire immortelle.

Nous nous contenterons de citer le fait d'armes du plus humble, du plus modeste de ces héros du jeune André Estienne, connu sous le nom de « tambour d'Arcole ».

Ce brave enfant du peuple a droit à notre admiration, pour l'inébranlable bravoure qu'il déploya au plus fort de la fusillade. Il veut, lui simple troupier, donner l'exemple de la plus mâle intrépidité; et, pour entraîner la troupe, il bat une charge effrénée. Aucun obstacle ne l'arrête. la rivière barre sa route. il se jette dans l'eau jusqu'au cou, et, le tambour sur la tête, il affronte les balles de l'ennemi qui pleuvent autour de lui, et continue, d'une main, à battre la charge sans ralentir la cadence. N'est-ce pas sublime ce trait de courage héroïque ? Bonaparte remit à l'intrépide tapin, avec des baguettes d'honneur, un brevet sur lequel furent relatées les circonstances de ce magnifique exploit.

Avec de tels hommes, l'ennemi le mieux discipliné ne pouvait tenir plus longtemps ; aussi le succès fut-il complet : le village d'Arcole fut emporté, les hauteurs de Caldiero évacuées et Vérone délivrée.

Cependant les Autrichiens ne se tiennent pas pour battus, et, le lendemain matin 16 novembre, nos soldats les rencontrent sur les digues. A leur tour, les Français chargent les Autrichiens qu'ils culbutent dans les marais. Ils font des prisonniers, prennent des drapeaux et du canon. Bonaparte, plutôt que de franchir la rivière, se contente d'épuiser et de harceler l'ennemi, afin de lui enlever la confiance que lui inspire la supériorité de ses forces ; et. ce n'est que le lendemain 17, lorsqu'il le juge suffisamment affaibli. qu'il se range en plaine pour porter à son adversaire un dernier coup encore plus terrible. Les Autrichiens harassés, découragés, ne résistent plus devant l'élan des Français, qui les culbutent et les mettent en complète déroute. Après soixante-douze heures d'un affreux carnage, l'ennemi cède la victoire à l'héroïsme de quelques braves et au génie d'un grand capitaine. Les pertes des Autrichiens s'élevaient à 5.000 prisonniers et à 10.000 morts ou blessés.

Les Véronais furent frappés de surprise et d'admiration en voyant rentrer dans leurs murs cette poignée de braves. Le bruit de cette victoire se répandit bientôt dans tous les coins de l'Europe. L'héroïsme déployé au pont d'Arcole est resté le fait d'armes le plus populaire de l'immortel vainqueur de l'Italie.

Er. Richa.

C. CHARIER, éditeur, à Saumur.

Le sergent Blandan au combat de Beni-Mered

(*11 Avril 1842*)

Le combat de Beni-Mered est un des faits d'armes les plus glorieux de nos guerres d'Algérie. Il donne la mesure de ce que peut enfanter de grand et de sublime une poignée de braves, résolus de mourir pour la patrie. Cette magnifique action d'éclat est rapportée en entier dans l'ordre général á l'armée d'Afrique, du maréchal Bugeaud :

Au quartier général à Alger, le 14 avril 1842.

« Soldats !

« J'ai à vous signaler un fait héroïque qui, à mes yeux, égale au moins celui de Mazagran. Là, quelques braves résistent à des milliers d'Arabes ; mais c'est derrière des murailles. Dans le combat du 11 avril, 21 hommes, portant la correspondance, sont assaillis en plaine, entre Bouffarick et Mered, par 200 ou 300 cavaliers venant de l'est de la Mitidja.

« Le chef des soldats français, tous du 26ᵉ de ligne, était un sergent nommé Blandan. L'un des Arabes, croyant à l'inutilité de la résistance d'une aussi faible troupe, s'avance et somme Blandan de se rendre ; celui-ci répond par un coup de fusil qui renverse son ennemi. Alors s'engage un combat acharné : Blandan est frappé de trois coups de feu ; en tombant, il s'écrie : « Courage, mes amis, défendez-vous jusqu'à la mort ! » Sa noble voix est entendue de tous, et tous ont été fidèles à son ordre héroïque. Mais bientôt le feu supérieur des Arabes a tué ou mis hors de combat 17 de nos braves ; plusieurs sont morts, les autres ne peuvent plus manier leurs armes ; 4 seulement sont debout ; ce sont : Bire, Gérard, Stal et Marchand ; ils défendent encore leurs camarades blessés ou morts, lorsque le lieutenant-colonel Moris, du régiment de chasseurs d'Afrique, arrive de Bouffarick avec un faible renfort. En même temps, le lieutenant du génie Jouslard, qui exécute les travaux de Mered, accourt avec un détachement de 30 hommes. Le nombre des nôtres est encore très inférieur à celui des Arabes ; mais compte-t-on ses ennemis quand il s'agit de sauver un reste de héros ? Des deux côtés l'on se précipite sur la horde de Ben-Salem ; elle fuit et laisse sur place une partie de ses morts. Des Arabes alliés lui ont vu emporter un grand nombre des siens, elle n'a pu couper une seule tête, elle n'a pu recueillir un seul trophée dans ce combat où elle avait un si grand avantage numérique.

« Nous avons ramassé tous nos morts, et nous leur avons donné les honneurs de la sépulture. Nos blessés ont été transportés à l'hôpital de Bouffarick, entourés des hommages d'admiration de leurs camarades. Lesquels ont le plus mérité de la patrie, de ceux qui ont succombé sous le plomb, ou des quatre braves qui sont restés debout et qui, jusqu'au dernier moment, ont couvert le corps de leurs camarades ? S'il fallait choisir entre eux, je m'écrierais : « Ceux qui n'ont pas été frappés ! » Car ils ont vu toutes les phases du combat, dont le danger croissait à mesure que les combattants diminuaient, et leur âme n'a point été ébranlée ; mais je ne veux point établir de parallèle ; tous ont mérité qu'on gardât d'eux un éternel souvenir.

« Je compte parmi eux le chirurgien sous-aide Ducros, qui revenait de congé et rejoignait son poste avec la correspondance ; il a saisi le fusil d'un blessé et a combattu jusqu'à ce que son bras eût été brisé.

« Je témoigne ma satisfaction au lieutenant-colonel Moris, qui, en cette circonstance, a montré son courage ordinaire, tout en regrettant qu'il ait mis en route un aussi faible détachement. Je la témoigne aussi à M. le lieutenant du génie Jouslard, qui n'a pas craint de venir avec 30 hommes partager les dangers de nos 21 braves.

« Voici les noms des 21 braves porteurs des dépêches ; l'armée doit les connaître tous ; la France verra que ses enfants n'ont pas dégénéré ; et s'ils sont capables de grandes choses par l'ordre, la discipline et la tactique qui gouvernent les masses, ils savent aussi, quand ils sont isolés, se battre comme les chevaliers des anciens temps. Ce sont : le sergent Blandan ; les fusiliers Leclair, Girard, Elie, Béal, Gérard, Zaucher, Ramachar, Lecointe, Larricouse, Bire, Marchand, Stal, Michel, Perre, Laurent, Bourrier, Villard, Lemercier ; le sous-aide chirurgien Ducros et les chasseurs d'Afrique Ducasse et Ducros.

« *Le lieutenant-général, gouverneur général de l'Algérie.*

« Signé : Bugeaud. »

Le sergent Blandan mourut de ses blessures le lendemain du combat, le 12 avril 1842, à l'hôpital de Bouffarick ; il était né à Lyon le 9 février 1819.

Pendant longtemps les sous-officiers du 26ᵉ de ligne se réunissaient tous les ans le 11 avril pour fêter l'anniversaire du combat de Beni-Mered et chantaient une cantate en l'honneur de Blandan et de ses compagnons.   Er. Richa.

C. CHARIER, éditeur, à Saumur.

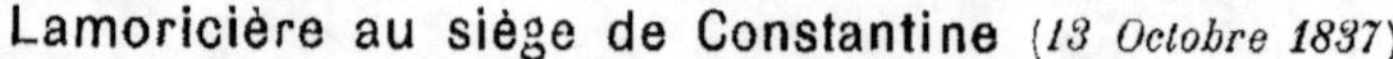

Lamoricière au siège de Constantine (*13 Octobre 1837*)

Une première expédition, organisée en 1836, pour soumettre le bey de Constantine, fut repoussée et réduite, faute de forces suffisantes, à battre en retraite.

La France ne pouvait rester sous le coup de ce revers humiliant pour nos armes. Aussitôt, on commença les préparatifs d'une nouvelle expédition. Le général Clauzel fut remplacé par le général Damrémont, qui avait sous ses ordres le général Valée, commandant l'artillerie, le duc de Nemours, les généraux Ruihières et Trézel.

Une armée de 10,000 hommes quitta le camp de Medjez-Hammar, sous Bone, le 1er octobre 1837, pour venger la défaite de l'année précédente. Nos troupes arrivèrent le 6 devant Constantine, avec 16 pièces de campagne et un matériel de siège de 17 bouches à feu.

Constantine s'élève dans la vallée du Rummel sur un promontoire de roches, relié par un bras aux coteaux voisins. Seul, le côté qui fait face à la colline de Coudiat-Ati est accessible, mais il est protégé par un rempart garni d'une batterie et trois portes.

Le grand étendard rouge des Ottomans flotte sur les murs. Du haut des minarets des mosquées, les muezzins excitent le peuple par leurs chants religieux, et les femmes ajoutent à ce spectacle grandiose en poussant des cris aigus, auxquels répondent les mâles accents des défenseurs de la place.

C'est sur le plateau de Coudiat-Ati que fut établie la batterie de brèche.

Le 11 octobre, à neuf heures du matin, le feu s'ouvre sur toute la ligne. L'ennemi répond avec vigueur. L'effet de notre artillerie est immédiat, et en un clin d'œil les feux de la batterie de brèche déterminent un éboulement propre à pratiquer l'assaut.

Le lendemain, le général Damrémont somma les assiégés de se rendre. Ils repoussèrent cette offre avec dédain.

Avant de faire sonner la charge, le général voulut une dernière fois se rendre compte lui-même de l'état des travaux. Il examinait la brèche lorsqu'un biscaïen le traversa de part en part, le laissant inanimé sur le sol. Au même instant le général Perrigaux fut mortellement atteint d'une balle.

Le général Valée accourt en toute hâte et prend le commandement en chef.

Le 13 octobre, le général Valée assigne leur poste aux trois colonnes d'assaut.

La première était commandée par le lieutenant-colonel Lamoricière ; la seconde par le colonel Combes et la troisième par le colonel Corbin.

La première colonne, qui a obtenu l'insigne honneur de marcher en tête, comprenait quarante sapeurs de génie, trois cents zouaves et deux compagnies d'élite du 2e léger.

Le général en chef, s'adressant à Lamoricière, lui demande : « Si la moitié de vos hommes tombe sur la brèche, les autres tiendront-ils ? — J'en réponds, dit l'intrépide chef des zouaves. — Eh bien ! vous partirez au premier signal. » L'artillerie active alors son feu pour élargir la brèche, et laisse croire à l'ennemi que le moment de l'assaut n'est pas encore arrivé.

Il est sept heures du matin. Tout à coup un silence imposant succède a la canonnade. Le duc de Nemours donne le signal, et les tambours battent la charge avec frénésie, pendant que les musiques attaquent l'air national.

Aussitôt Lamoricière s'écrie : « Mes zouaves, à vous ! Debout ! Au trot ! marche ! » Les zouaves à l'appel de leur chef bondissent comme des panthères hors de leurs retranchements. Ils s'élancent avec intrépidité vers la brèche et commencent à gravir la pente, lorsque les ennemis qui couvrent les remparts engagent une terrible fusillade qui enveloppe de feu tout l'espace compris entre la batterie et la brèche. Bientôt, sous une effroyable pluie de balles, la colonne, Lamoricière en tête, disparaît dans le fossé, reparaît sur le talus et rampe en gravissant la pente, malgré les terres et les décombres qui croulent sous les pieds des zouaves. Lamoricière arrive enfin sur le couronnement de la brèche aux applaudissements de toute l'armée. En même temps, le drapeau ottoman qui flottait sur les remparts est enlevé par le capitaine Le Flô, pendant que le capitaine de Garderens plante à sa place le drapeau tricolore.

Un combat sanglant s'engage aussitôt, lorsqu'au moment où la seconde colonne d'attaque arrive sur la brèche une explosion effroyable se produit, engloutissant sous des décombres une quarantaine de zouaves.

Revenus de leur première terreur, nos braves soldats, surexcités, se précipitent comme un ouragan dans l'ouverture béante formée par l'explosion. Lamoricière s'élance à la tête de ses zouaves ; le commandant Bedeau entraîne sa section ; le colonel Combes, avec la colonne d'attaque, va chercher une mort héroïque.

Après plusieurs heures d'une lutte sans merci, la troisième colonne d'attaque venait de faire irruption dans la ville, lorsqu'un Maure survient, tenant à la main une feuille de papier. *Carta ! Carta !* crie-t-il, c'était une offre de capitulation envoyée par le pouvoir municipal arabe.

Le général Valée accepte la capitulation et promet à la population le respect de la religion, des usages et de la propriété.

Ainsi fut accompli cette conquête qui fut payée du sang si précieux de nos braves soldats.

Er. Richa

C. CHARIER, éditeur à Saumur.

DUHESME
(1766-1815)

Le nom de Duhesme est attaché à toutes les gloires des armées de la Révolution, du Consulat et de l'Empire. Né à Bourgneuf (Saône-et-Loire) en 1766, il mourut le 18 juin 1815.

En 1791, il partit comme capitaine d'une compagnie qu'il avait équipée à ses frais. En 1792, sous Dumouriez, il combattit dans les défilés de l'Argonne, et prit part à l'immortelle bataille de Valmy.

En 1793, il se signala à l'affaire de Villeneuve, où, blessé de deux coups de feu, baignant dans son sang, il mit un genou en terre, et, agitant son épée vers ses grenadiers qui fuyaient, les ramena au combat et à la victoire. C'est à cette conduite héroïque qu'il dut d'être nommé général de brigade.

En 1794, il se trouvait à l'armée des Ardennes, où les conventionnels Saint-Just et Lebas étaient arrivés. Le général Charbonnier qui la commandait s'efforçait de déboucher au delà de la Sambre, pour prendre Charleroi et pénétrer dans l'intérieur de la Belgique.

Quatre fois nos soldats forcèrent impétueusement le passage et la rivière ; quatre fois ils furent énergiquement repoussés sur l'autre rive par l'aile gauche de la grande armée alliée, sous les ordres du stathouder de Hollande.

Dans l'une de ces attaques, le général Duhesme se distingua par son intrépidité et son courage. Il commandait l'avant-garde lorsque ses grenadiers, sur le point d'être enveloppés par l'ennemi, hésitent et reculent. Aussitôt, Duhesme descend de cheval et, saisissant un fusil, se met à la tête d'un peloton, fait le coup de feu et entraîne ses hommes en avant.

Sa carrière militaire est pleine de traits de ce genre.

Quelques jours plus tard, il prend part à la bataille de Fleurus : l'armée des Ardennes et l'armée du Rhin réunies mirent en déroute les Autrichiens commandés par Cobourg.

En octobre 1794, Duhesme fut désigné pour remplacer Kléber à l'attaque de la grande place hollandaise de Maëstricht. Mais, grâce à l'activité du representant Gillet qui fit arriver de France par la Meuse un grand parc de siège, et à l'habileté du commandant du génie Marescot, Maëstricht se rendit le 4 novembre, laissant entre les mains des Français plus de 350 bouches à feu. A cette occasion, Duhesme fut promu général de division.

En 1795, il contribua, sous les ordres de Hoche, à la pacification de la Vendée.

En 1796, il suivit l'armée du Rhin-et-Moselle, dont Moreau avait le commandement. Il prit part à cette admirable campagne pendant laquelle nos soldats, conduits dans une marche victorieuse jusque sur les bords du Danube, furent ensuite contraints de se replier sur le Rhin au travers de la Forêt Noire, dans une retraite immortelle qu'on a souvent comparée, par l'endurance des troupes, leur admirable discipline et par la savante tactique de leur chef, à la fameuse retraite des Dix-Mille. C'est surtout au fort de Kehl et à la tête du pont de Huningue, dont la valeur stratégique était très précieuse, que nos troupes montrèrent une intrépidité sans exemple. L'abandon de ces deux points mettait l'armée dans l'impossibilité de passer le Rhin autrement que de vive force. Enfin, le 20 avril 1797, la baisse des eaux permit de tenter le passage à Kilstadt, près de Strasbourg. Plusieurs fausses attaques détournèrent l'attention des Autrichiens et facilitèrent le travail des pontonniers. Moreau ne disposait que d'un petit nombre de bateaux, qui d'ailleurs eurent beaucoup à souffrir du feu très vif des batteries autrichiennes. Nos troupes cependant parvinrent à s'établir à Dirsheim ; mais elles eurent grand'peine à s'y maintenir contre plusieurs retours offensifs des Impériaux. Un nouveau pont volant fut jeté sur le Rhin ; en même temps un combat terrible s'engagea, pendant lequel l'armée put effectuer son passage.

C'est durant ce combat meurtrier du 20 avril 1797 que Duhesme fit preuve d'une bravoure et d'une audace comparables aux plus beaux traits d'héroïsme : les Autrichiens revenaient en force, et, par leur nombre, menaçaient d'écraser cette poignée de braves qui protégeait les derrières de l'armée. Soudain, les grenadiers semblent faiblir et s'apprêter à la fuite. Duhesme s'épuise en vains efforts pour les ramener, lorsque le tambour qui bat la charge roule à ses pieds, atteint d'une balle au front. Duhesme prend sa caisse, et se mettant à la tête de ses grenadiers, il bat la charge avec le pommeau de son sabre, les entraîne en avant et culbute les Autrichiens qui s'enfuient en pleine déroute.

En 1799, Duhesme prit une part active à la conquête des Etats romains et de Naples.

En 1800, il assiste aux batailles de Rivoli et de Lodi.

De 1808 à 1810, il commande en Espagne, où il déploie toutes les qualités d'un grand capitaine.

Enfin, pendant les Cent Jours, il accepte le commandement de la jeune garde, à la tête de laquelle il combattit vaillamment à Waterloo. C'est le 18 juin 1815 que ce brave général fut lâchement assassiné par les hussards de Brunswick, qui le trouvèrent dans une maison d'un petit village voisin du champ de bataille sans défense et couvert de blessures. Ces bandits, en dépit des lois de l'humanité, le percèrent de coups et l'étendirent mort à leurs pieds.

Duhesme fut, en même temps que brave soldat, écrivain militaire de valeur. On a de lui un *Précis de l'infanterie légère.*

Er. Richa.

C. CHARIER, éditeur à Saumur.

Daumesnil à Vincennes

(en 1814 et 1815)

Napoléon avait fait de Vincennes une place de guerre ; c'était d'ailleurs sa destination primitive. Avant de partir pour la campagne de 1812, il manda devant lui le général Daumesnil, et l'investit du gouvernement de cette place forte. « J'ai besoin d'un homme sur lequel je puisse compter, lui dit-il, et j'ai songé à vous. C'est de Vincennes que doivent partir le matériel et les munitions nécessaires à mes armées. »

Au moment de l'invasion de 1814 par les coalisés, l'ennemi était sur le point de bloquer Paris, et Daumesnil n'avait sous la main pour défendre Vincennes, qu'une garnison composée d'invalides et de jeunes recrues.

Des parlementaires lui étaient envoyés journellement pour sonder ses intentions. « Mes intentions, répondait-il, sont de faire sauter la place plutôt que de me rendre. » Devant tant d'héroïsme, il était inutile d'insister.

Daumesnil faisait jurer à ses soldats de mourir chacun à son poste. La plupart répondaient : « Général, nous nous ensevelirons avec vous sous les décombres de Vincennes. Vive la jambe de bois ! » C'était le glorieux surnom de l'héroïque général. On raconte qu'un jour un misérable, soit par crainte de la mort, soit par trahison, osa mettre en joue Daumesnil. Il ne dut son salut qu'à la présence d'esprit d'une cantinière qui, avec la main, fit dévier l'arme du meurtrier. A la suite de cet attentat, il fit sortir de la place par une poterne tous les craintifs et les timorés, après les avoir, comme indignes, dépouillés de leurs uniformes.

Cependant le 30 mars 1814, à cinq heures du soir, la capitulation de Paris était signée. Les clauses de la capitulation portaient que tout le matériel, qui couronnait les hauteurs de la capitale, devait être livré dès le lendemain à la pointe du jour.

Daumesnil, à cette nouvelle, ne perd pas une minute ; il rassemble les 250 chevaux qui formaient toute sa cavalerie, et sort de Vincennes. Il enlève tous les canons, fusils et munitions formant le matériel en question. Il introduit le tout dans la forteresse, dont il referme les portes derrière lui.

Les alliés, le lendemain, furent stupéfaits de tant d'audace ; ils ne pouvaient en croire leurs yeux.

De nouveaux commissaires lui sont expédiés en toute hâte, le sommant d'avoir à livrer sans retard l'objet de sa capture. Après un premier refus de Daumesnil, en vain lui représentent-ils que Paris est vaincu, la France envahie et que toute résistance ne ferait que prolonger inutilement une lutte inégale. En vain le menacent-ils de faire sauter la forteresse. « Vous me menacez de me faire sauter ? répond Daumesnil avec un ton de raillerie. Eh bien, suivez-moi. » Il leur fait alors visiter les approvisionnements considérables de poudre qui se trouvent entassés dans les magasins souterrains, et il ajoute : « Si dans vingt-quatre heures l'ennemi qui bloque Vincennes ne s'est pas retiré, sur mon honneur je mets le feu aux poudres, et nous sauterons ensemble. Allez reporter ma réponse à ceux qui vous ont envoyés. » Les commissaires sortirent terrifiés, et les alliés, désespérant de venir à bout de l'inflexibilité de Daumesnil, estimant en outre que la prise de Vincennes ne leur apporterait pas un réel avantage, et craignant surtout que le brave général ne mît sa terrible menace à exécution, battirent aussitôt en retraite devant une poignée de héros commandés par un invalide à jambe de bois !

Le général Daumesnil était encore à son poste à la seconde invasion de 1815. Cette fois, le dépôt confié à sa garde était encore plus précieux, car le matériel amassé à Vincennes était le seul qui restât à la France. Les alliés n'ignoraient point cette situation : aussi ils sommèrent de nouveau le gouverneur de se rendre. « Rendez-moi ma jambe, je vous rendrai la place ! » répond Daumesnil toujours gouailleur. Et une volée de boulets et de mitraille accompagne cette fière réponse. Blücher alors a l'idée assurément naïve de faire offrir par écrit au brave soldat trois millions, dont un comptant, contre une capitulation. Insensible aux promesses comme aux menaces, Daumesnil répondit : « Je ne vous rendrai pas la place que je commande, mais je ne vous rendrai pas non plus votre lettre. A défaut d'autres richesses, elle servira de dot à mes enfants. » L'ennemi alors attaqua la forteresse et ordonna à ses troupes d'en finir avec cette bicoque qui, seule, l'arrête maintenant. Daumesnil, chose incroyable, fait une sortie brillante à la tête d'un bataillon d'invalides, mutilés comme lui ; puis, rentre dans la place, sans que l'artillerie ennemie ait pu atteindre ce groupe de héros. Cependant, lorsque Daumesnil eut bien acquis la certitude que les alliés étaient les maîtres de la France et que Napoléon avait à jamais terminé son rôle historique, ce fut avec le gouvernement de la France, et non avec les alliés, que le brave général conclut une capitulation dont les conclusions glorieuses furent rédigées par lui-même. La population de Vincennes et les ennemis virent défiler avec respect le groupe superbe de héros invalides qui avaient su tenir tête aux coalisés et narguaient encore sa formidable puissance.

Er. RICHA.

CHARIER, éditeur à Saumur.

Barbanègre à la défense d'Huningue

(août 1815)

Barbanègre, pendant les Cent-Jours, fut chargé de défendre Huningue.

Cette défense héroïque fut un sublime et réconfortant spectacle, digne d'être cité en exemple aux générations futures, quand on pense que la scène se passait à une époque où il y avait un grand courage à continuer la résistance. Napoléon était vaincu, et déjà le drapeau blanc au nom des Bourbons remplaçait partout le drapeau tricolore. Les plis glorieux flottaient encore sur la forteresse dont Barbanègre était le défenseur.

Ce fut le 25 juin 1815, que le brave général apprit la nouvelle de la catastrophe de Waterloo. Au lieu de lui enlever son énergie, elle lui inspira une vive et légitime colère. Il réunit sa garnison qui se composait de 135 hommes, l'informa des revers de nos armes, et dans une harangue empreinte du plus pur patriotisme, il enthousiasma la vaillante petite troupe, en la préparant au dévouement sublime où conduit l'héroïsme.

Les 135 hommes dont disposait Barbanègre comportaient : 100 canonniers, 30 soldats de ligne et 5 gendarmes, lorsque l'archiduc Jean vint mettre le siège devant la place avec 25.000 Autrichiens. Le 14 août, 130 bouches à feu commencèrent un bombardement meurtrier. C'était à peu près un canon par soldat français. Il est vrai que les habitants se dévouèrent admirablement : hommes, femmes, vieillards, enfants déployèrent une étonnante intrépidité. Tous bravèrent la mort jour et nuit, travaillant aux réparations de la place, au relèvement des brèches creusées par les boulets, s'employant à étouffer les incendies allumés par les bombes ou à transporter les munitions. Bientôt la vaillante cité ne fut plus qu'un monceau de ruines. Barbanègre, fort heureusement, avait fait blinder avec soin une caserne qui servit d'ambulance pour les blessés.

Le 22 août, un dépôt de munitions qui se trouvait dans une redoute à 300 mètres de la place sauta, à la suite d'une explosion, avec un bruit formidable. Cette redoute, qui était défendue par 3 canonniers, faillit être enlevée par les Autrichiens à la faveur de cet accident ; mais quelques camarades de renfort parvinrent à repousser l'ennemi. Le bombardement continua avec un redoublement de fureur.

Le 23, l'archiduc Jean envoya un parlementaire au défenseur d'Huningue pour le sommer de se rendre, de reconnaître Louis XVIII et d'arborer le drapeau blanc. Barbanègre accepta tout, sauf la capitulation. Le bombardement continua.

N'était-ce pas le dernier cri de l'héroïsme que de voir une poignée de braves et intrépides soldats, commandés par un général sans peur, lutter 1 contre 200. sans autre espoir que de mourir pour la patrie?

Le 26 août, un armistice fut enfin conclu. Barbanègre comprit qu'il avait dépassé les bornes du possible et que s'obstiner davantage deviendrait une folie : Il consentit à traiter, et il obtint une capitulation qui lui permettrait de sortir de la place avec tous les honneurs de la guerre, et la faculté d'aller rejoindre l'armée de la Loire.

Les Autrichiens, malgré la supériorité du nombre, ne désiraient pas moins que les Français la fin des hostilités.

Barbanègre passa une revue des troupes de sa petite garnison, qu'il n'avait pu réunir une seule fois depuis le commencement du siège, employée qu'elle était jusqu'au dernier homme, et sans relâche, au service des pièces : les deux tiers étaient tués ou hors de combat.

Le 27 août 1815, toute l'armée autrichienne se trouva rangée, formant la haie, sur les glacis des fortifications, pour assister à la sortie de Barbanègre et de sa troupe

On vit alors un défilé qui fut une héroïque ironie à l'adresse des vainqueurs. L'histoire n'enregistra jamais une situation plus sublime : on vit paraître cette poignée de héros qui, depuis onze jours, tenaient tête à une armée tout entière. Deux tambours ouvraient la marche ; derrière suivaient Barbanègre et les quelques officiers d'état major, les canonniers et les gendarmes, en tout 50 hommes dont la plupart éclopés.

L'archiduc Jean, qui assistait à ce défilé avec toute sa suite d'officiers généraux, ne voyant plus sortir personne, demanda au général français où était sa garnison : « La voilà! » répondit Barbanègre en montrant ses cinquante braves.

Alors un cri de surprise et d'admiration s'éleva de tous les rangs de l'armée ennemie. L'archiduc, homme plein d'exquise sensibilité et doué d'un cœur généreux, embrassa Barbanègre et le combla d'estime, pendant que la petite troupe était l'objet des saluts respectueux de l'armée autrichienne tout entière. Cette satisfaction accordée à notre orgueil national fut la dernière d'une époque qui compta tant de gloire ! Le génie de Napoléon, au service d'une ambition effrénée, avait conduit la France à l'apogée de sa puissance jusqu'au jour où sa chute la précipita dans l'abîme.

Er. RICHA.

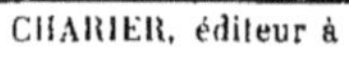

Cambronne à Waterloo

(*18 juin 1815*)

Toutes les opérations militaires qui ont marqué la courte mais décisive campagne de 1815, peuvent se résumer en deux faits principaux : la glorieuse bataille de Ligny et la trop fameuse défaite de Waterloo.

60.000 Français venaient de battre 95.000 Prussiens à Ligny le 16 juin 1815 ; le terrain était couvert de 25.000 ennemis tués ou blessés, tandis que nos pertes s'élevaient à 7.000 hommes hors de combat. Jamais armée française n'avait porté des coups plus terribles. Fantassins, cavaliers, artilleurs, tous les soldats avaient été admirables. Mais, hélas ! c'était là le dernier rayon de soleil qui venait éclairer les drapeaux de la Grande Armée !

Au même moment encore, Ney avait rencontré aux Quatre-Bras les soldats de Wellington, leur avait sinon infligé de grandes pertes, du moins les avait empêchés de porter secours aux Prussiens.

Telle était la situation respective des deux armées en présence, lorsque Napoléon, déjà affaibli dans ses facultés, ne sut pas, par ses hésitations, profiter de la défaite des Prussiens.

Tandis que, le lendemain 17, il perdit un temps précieux à parcourir le champ de bataille et à passer une revue, Blücher, au contraire, après avoir fait sa jonction avec Bulow qui lui amenait 30.000 hommes de troupes fraîches, mit tous ses efforts à rallier ses troupes et à rejoindre les Anglais.

Napoléon conservait toujours l'espoir de battre Wellington avant que Blücher ait pu porter secours à son allié. Il ignorait où étaient les Prussiens, et de longues heures s'étaient écoulées avant qu'il ait eu l'idée de les faire poursuivre.

Lorsqu'il donna l'ordre à Grouchy de se porter à leur recherche avec 33.000 hommes, il était trop tard. Il commit ainsi la faute irréparable de se démunir inutilement du tiers de son effectif.

Le 18 juin 1815, l'armée française forte de 72.000 hommes d'infanterie, 15.000 cavaliers et 240 bouches à feu, était aux prises avec 70.000 hommes de troupes anglo-hollandaises, appuyés par 13.500 cavaliers et 150 canons.

L'action se déroulait autour du petit village de Waterloo en Belgique, à 19 kilomètres de Bruxelles.

Après six heures d'un affreux carnage où l'héroïque bravoure des soldats de Napoléon luttait contre l'inébranlable ténacité des troupes de Wellington, le succès semblait pencher pour nos armes ; et, sans l'intervention des Prussiens de Blücher, il n'est pas douteux que nos ennemis n'eussent pu résister plus longtemps aux charges épiques de notre impétueuse cavalerie.

L'affaiblissement des troupes anglo-hollandaises paraissait irrémédiable. Les poussées furieuses de nos escadrons avaient broyé l'infanterie ennemie ; lorsque l'entrée en scène de 30.000 Prussiens et d'une nombreuse artillerie déplaça les chances de succès. La résistance de nos troupes fut telle que l'issue de la bataille fut longtemps indécise. L'inégalité du nombre mit cependant les Français dans une situation extrêmement périlleuse.

Napoléon alors, perdant l'espoir d'être secouru par Grouchy, comprend que la crise approche. Il prend ses dernières dispositions, et réunit tous les bataillons disponibles de la garde.

Quand tout est prêt, les tambours battent la charge ; la terrible phalange s'ébranle et défile exubérante d'ardeur et d'enthousiasme, aux cris de : Vive l'empereur !

C'est alors que le monde fut témoin d'un de ces efforts sublimes, de ces dévouements admirables que rien ne surpasse dans l'histoire des siècles !

Lorsque les redoutables bonnets à poil de la garde apparurent alignés, symétriques, tranquilles, l'ennemi eut un moment de stupeur, mais promptement réprimé par l'imperturbable sang-froid de Wellington : « Debout, gardes, cria-t-il, et visez justes ! »

Une nuée de mitraille cribla au même instant le drapeau tricolore. D'innombrables ennemis se ruèrent alors sur ces géants impassibles qui bravaient le fer et l'acier, et repoussaient avec une intrépidité sublime le choc colossal de forces dix fois supérieures. Le suprême carnage accomplissait son œuvre néfaste. La garde impériale alors sentit dans l'ombre l'armée lâchant pied autour d'elle ; seule, elle résistait au choc infernal. Elle continua d'avancer, de plus en plus foudroyée et mourant davantage à chaque pas.

Au crépuscule, vers neuf heures du soir, au bas du plateau de Mont-Saint-Jean, restait encore debout un carré de la garde, commandé par le général Cambronne. A chaque décharge, le carré diminuait. Il répliquait à la mitraille par la fusillade, rétrécissant continuellement ses quatre murs. Quand cette légion ne fut plus qu'une poignée, il y eut parmi les vainqueurs une sorte de terreur sacrée autour de ces mourants sublimes, et l'artillerie anglaise, reprenant haleine, fit silence. Alors un général anglais leur cria : « Rendez-vous, braves Français ! » Cambronne répondit : « La garde meurt et ne se rend pas ! » Une voix anglaise commanda : « Feu ! » Les batteries flamboyèrent ; de toutes ces bouches d'airain sortit un dernier vomissement de mitraille ; la fumée se dissipa ; il n'y avait plus rien, la garde était morte !

Ea. RICHA.

C. CHARIER, éditeur à Saumur.

La Tour d'Auvergne
(1743-1800)

Les étonnantes actions militaires de La Tour d'Auvergne ont créé autour de son nom une sorte de légende nationale, qui pourtant repose sur des faits précis et des documents d'une indéniable authenticité. L'extraordinaire prestige de ce vaillant soldat semble donner au terrible grenadier la physionomie des héros d'Homère. Son intrépidité se manifeste dès ses premières armes. Il serait impossible d'énumérer les nombreuses actions d'éclat de ce digne descendant de Turenne. Un jour, il mit le feu à un navire anglais, sous le feu même de la place. Une autre fois, on le vit s'élancer, sous une grêle de balles, et aller chercher un de ses compagnons d'armes tombé blessé sur un glacis, le charger sur ses épaules et le rapporter aux avant-postes. Pendant la campagne de 1792 à l'armée des Alpes, il entra le premier dans Chambéry à la tête de sa compagnie. A l'armée des Pyrénées-Occidentales, il ne se distingua pas moins brillamment. Un jour, il surprend les ennemis rangés sur la plate-forme d'une église, les fait coucher en joue, et leur ordonne de se rendre. Il n'en fallut pas davantage pour être obéi. Même stratagème pour chasser les Espagnols de la Maison Crénelée, en deçà de la Bidassoa : tandis que les grenadiers tenaient leurs fusils braqués vers les créneaux, il va frapper à la porte à coups de pied, le sabre à la main, et menace de les brûler vifs : le fort s'ouvre sans coup férir. La *Colonne infernale*, tel était le nom que les ennemis donnaient eux-mêmes à sa petite phalange, arrivait devant la citadelle de Saint-Sébastien, située au milieu de la mer. Il se jette dans une barque et va sommer le commandant de se rendre s'il veut éviter un bombardement. L'Espagnol, qui croyait avoir devant lui de nombreuses batteries ennemies, demande à La Tour d'Auvergne qu'il lui fasse l'honneur de tirer sur son fort avant qu'il le rende. Celui-ci accepte, repart, fait tirer le seul canon qu'il possédât, auquel répondirent cinquante canons de siège. Le feu cesse ; il retourne à la citadelle dont on lui remet les clefs. Se rendant un jour en Bretagne sur un vaisseau marchand, il fut capturé par un corsaire anglais et jeté à fond de cale, puis traîné dans les cachots d'Angleterre. On raconte que des soldats anglais ayant tenté d'enlever leur cocarde aux prisonniers français, ses compagnons d'infortune, il enfila la sienne à son épée, promettant de résister jusqu'à la mort, plutôt que de supporter une pareille humiliation.

De retour en France, il fit la campagne d'Helvétie et assista, aux côtés de Masséna, à la bataille de Zurich ; puis, il fit la campagne du Rhin, où il périt dans un engagement près de Neubourg, frappé au cœur d'un coup de lance par un uhlan autrichien.

La Tour d'Auvergne donnait à sa troupe l'exemple de toutes les vertus. Pauvre, il n'ambitionnait rien qui pût améliorer sa vie matérielle. Il refusait les secours en argent de même qu'il dédaignait les honneurs. Jamais il ne voulut accepter d'avancement. Capitaine, il remplissait les fonctions de général, sans en avoir le titre. Cette horreur du grade fit qu'on réunit sous son commandement tous les grenadiers de France, et que, tenant compte de son aversion naturelle pour les honneurs, on le nomma premier grenadier de la République, titre qu'il refusa comme les autres, mais que lui a conservé la postérité.

Il accepta pourtant un jour un sabre d'honneur du Premier Consul, mais ne voulut jamais le porter qu'aux jours de bataille.

Il était aimé de ses soldats qui le considéraient comme un père pour lequel ils auraient sacrifié leur vie. Aussi, il serait difficile de dépeindre la consternation de ces braves gens le jour où, combattant à leur tête, il tomba percé au cœur sans proférer une parole. Ils ne pouvaient croire que celui auquel ils attribuaient le don de *charmer les balles* n'existait plus.

Voici l'ordre du jour que le chef de l'état-major général adressa à l'armée, à cette triste occasion, au nom du général en chef :

« Mes camarades.

« Le brave La Tour d'Auvergne a trouvé une mort glorieuse. Les soldats à la tête desquels il combattit lui doivent un témoignage solennel de regret et d'admiration.

« En conséquence, le général en chef ordonne :

« 1° Les tambours des compagnies de grenadiers de toute l'armée seront, pendant trois jours, voilés d'un crêpe noir.

« 2° Le nom de La Tour d'Auvergne sera conservé à la tête du contrôle de la compagnie de la 46ᵉ demi-brigade, où il avait choisi son rang.

« 3° Il sera élevé un monument sur la hauteur, en arrière d'Oberhausen, au lieu même où La Tour d'Auvergne a été tué...

« 4° Ce monument, consacré aux vertus et au courage, est mis sous la sauvegarde de tous les pays. »

Depuis, et jusqu'en 1814, chaque jour, quand on faisait l'appel dans la compagnie des grenadiers, l'officier criait : « *La Tour d'Auvergne !* » ; le porte-drapeau répondait : « *Mort au champ d'honneur !* » et l'on voyait rouler de grosses larmes sur les joues de ces vieux soldats. Er. RICHA.

C. CHARIER, éditeur à Saumur.